JN418076

흐르는 물줄기는
그대로인데

민영찬 시집
흐르는 물줄기는 그대로인데

초판 1쇄 인쇄일 2019년 4월 24일
초판 1쇄 발행일 2019년 4월 29일

지은이 민영찬
펴낸이 최길주

펴낸곳 도서출판 BG북갤러리
등록일자 2003년 11월 5일(제318-2003-000130호)
주소 서울시 영등포구 국회대로72길 6, 405호(여의도동, 아크로폴리스)
전화 02)761-7005(代)
팩스 02)761-7995
홈페이지 http://www.bookgallery.co.kr
E-mail cgjpower@hanmail.net

ISBN 978-89-6495-134-7 03810

이 도서의 국립중앙도서관 출판시도서목록(CIP)은 e-CIP홈페이지(http://www.nl.go.kr/ecip)와 국가자료공동목록시스템(http://www.nl.go.kr/kolisnet)에서 이용하실 수 있습니다.
(CIP제어번호 : CIP2019015254)

민영찬 시집

흐르는
물줄기는
그대로인데

BG 북갤러리

시인의 말

심심산천에서 태어나 부산으로 와서 처음 느낀 도시생활은 별천지였다.

시골 고향의 정감으로 느낀 일상들을 20여 년 일기로 써 왔다. 시를 쓰게 된 동기가 된 것 같다.

평소에 시를 만들어 내는 일은 무한한 상상의 날개를 펴는 일이라서인지 많은 그리움을 가졌다.

40여 년의 공직생활을 끝내고 1막 2장의 인생길에 접어들어 공무원으로서 봉사와 책임감으로 보낸 시간들의 느낌을 시라는 형식에 녹였다.

소소하고 평범한 일상 속에서 느끼는 감동과 행복은 그 무엇과도 바꿀 수 없는 생에 있어 위대한 산물임을 깨닫게 한다.

평소에 느낌을 시로 담아내려고 하니 마음만 앞서 도중에 서둘러 글을 맺기도 했으며, 나름대로 글을 쓴답시고 썼다가 지우고 또 쓰기를 되풀이하며 새벽을 꼬박 지새우기도 했었고, 낙엽 진 거리를 사색으로 채우며 걸었던 기억들도 새록새록 돋아난다.

세월이 흘러 되돌아보니 삶이란 선을 그어 너와 나를 이분법화 하여 아웅다웅할 일도 아니란 생각과, 조금의 배려로 나 아닌 다른 이가 행복할 수 있는 길을 더 많이 걸어가지 못한 아쉬운 마음이 든다.

나의 글이 어느 곳에 실려서 이를 읽어본 지인이 "참 쉽게 읽혀지고 울림이 전해지네요" 하는 멘트를 날려주었을 때 참된 기쁨이 일기도 했다. 그 이후로 나는 '내 글을 어느 한 사람이라도 읽어준다면 써야겠구나' 하는 마음의 다짐도 했다.

모쪼록 이 책을 읽는 독자 여러분께서는 보다 배려하고 여유로운 인생길을 걸어서 후일 '그 어느 때 인생을 참 잘 살아왔구나' 하는 데 조금의 도움이 되었으면 하는 바람이다.

끝으로 이 책을 내는 데 도움을 주신 모든 분들께 깊은 감사를 드린다.

2019년 4월

민영찬

차례 | Contents

2부 : 여름 *Summer*

3부 : 가을 *Autumn*

4부 : 겨울 *Winter*

5부 : 사랑시 *The Poem of Love*

1부

봄

Spring

그네뛰기

창포향기 휘날리며
뒤를 박차고 힘차게 날아
그네를 뛴다

한 마리 날쌘 제비로
파란 하늘 흰 구름과 친구 되어
밝은 마음 가득 가득 채운다

만남이 있는 날

하늘을 보는
젊은 가슴이 더 두근거리는
단옷날 그네뛰기

깜이 되는 분

하늘이 내린
자리

깜이 되는 분은 언제 오시려나…….

노부부

팔순을 넘겨 흰머리 가득한 남편과
자식 생각으로 주름살 가득한 아내
설날엔 이웃집 아들 며느리 오가는데
내 아들, 며느리, 손녀 올까
현관문만 뚫어지게 바라본다.

다 그런 거지

엄마 품에 안겨
울고 재롱떠는 것이 일이었다
그래도 귀여움과 사랑을 받았다

학교에 다닐 때에는
부모님의 공부하란 말 귀에 못이 박히도록 듣고
귓전으로 흘리는 일이었다
그래 효자가 되지 못했다

결혼하고는
아내의 잔소리를 듣고
까맣게 잊어버리는 일이었다
그래 부부 싸움이 많아졌다

직장 생활을 하며
직원들의 뒷담화에도
잔소리가 많았다

정년을 맞아
가족과 함께하는 시간이 많아져
간섭하고 짜증내는 일이 늘었다
그래 조금 소외되었다

인생사, 다 그런 거지.

– 2019. 〈문학예술〉 봄호

반창회

40년이 후딱 지난 만남

'야~' 불러도 허물없고
대머리에 배불뚝이
세월 앞에
달라진 모습

잘살고 못산 이유에도
시공을 뛰어 넘는
함께 보낸 시간의
공통점 아래

하나 되는
반창회

벚꽃지다

화사한 봄기운을 뽐내다가
떨어지지 않으려
흔들리다

꽃비 되어
내려 앉아
꽃길 만들었다

버찌도 맺지 못하고
분홍빛 눈물을 흘린다.

봄꽃이 피면

꽃이 피어
산에 오르는 마음도 경쾌하다

활짝 핀 목련은
반쯤은 옷을 길 위에 벗어놓고

노란 개나리 이제 막
얼굴을 내 밀어
어린 숨결 몰아쉰다

방실방실
보들보들
샛노란 얼굴
눈에 담고
발길을 돌린다.

봄이 오는 소리

따뜻한 기운이 실려 오고
봄비 소리 정겹다

얼음 속 흐르는 물소리
초록이 기지개 켜고
홍매화 꽃봉오리 터지고

대보름 지난 농부들
겨울잠 자던 개구리 깨어나고

아!
봄이 오는 소리

부부의 날

반백의 세월이 지나

정이라는 울타리를 치고
저울대가 수평을 이루는

한마음 되는
부부의 날

삶 1

콘크리트 틈새나 보도블록에서도
싹을 틔워 봄이면
예쁜 꽃을 피워낸다

인생길에 어찌 좋은 일만 있겠는가
이 땅에는 항상 희망의 씨앗을 품고 있다
땀 흘려 호미질하고 정성들여 가꾸면 반드시 이룰
수 있다.

새벽 비

정겨운
봄비 발자국 소리

나무와 풀잎의
목마름을 풀어 주고

창문 밖 그리운
운치를 되살려 낸다

그리움을 풀어 줄
님의 발자국 소리

선물 1

저녁식사 후 TV 앞에서
아내가 물었다

"생일 때 뭐 선물해줄 거야?"

"명품가방하고 1캐럿 다이아 반지"라고 남편이 말했다

"정말?"
눈을 크게 뜨며 놀랜 아내

"그래 정말이야. 카드로 살게, 당신이 갚아~"

말장난에
다투는 부부

수영 강변에서

봄의 꼬리를 잡고
발버둥 치는 꽃샘추위

하얀 목련이 피어나면
봄의 향연을 준비한 벚꽃은
눈인사를 보내오고

목련꽃잎은
땅으로 내려앉아
꽃길을 내어준다

물비늘 이는 강
물새는 날아오르고
숭어가 뛰며

벚꽃은 손님 맞을 채비로 분주한
덩달아 개나리도 빵긋 웃는

수영 강변

– 2018. 〈시작〉 제9호

아내의 안마 의자

앉으면

'푸우~' 숨을 내쉬고
온몸을
토닥토닥
조물조물

몸 전체가 풀려
삭신이 이완되는 소리
들리는 듯

시원함에
행복한
아내의 미소

아침에

대청봉
주전골 골짜기 물소리

산새 소리에
창문을 열어

맑은 공기
초록 산이
덩달아 인사를 건네는
행복한 아침

오월

풀잎 꺾어 피리 불고
연초록 들판에 파란 하늘이 드높았던
고향 마을

산새의 맑은 소리에
시냇물은 홍을 내며 흐르고

여인의 머리에 창포향기 피어나
살랑거리는 바람결에 밤꽃향기 실려서
왕성한 젊음의 계절

청보리 잎새에도
자연의 신비 가득한
오월

온천천 강변에서

살랑 살랑 봄바람은 불고
잔잔히 흐르는 온천천

물위를 뛰어 오른 물고기
첨벙첨벙 소리 즐겁고

벚꽃이 활짝 피면
연인의 발자국 소리 이어지고

강변길 산책

평화로운
온천천 강변

재래시장

바쁘 모여든
사람들

햇곡식
신선한 나물
각종 생선과 과일
얼굴을 내밀고

깎아달란 말에
맛보기에 더 넣어주는 인심
흥을 돋는 막걸리 한잔

웅성웅성
왁자지껄

정겨운 삶의 소리

주전골에서

주전골* 맑은 계곡물 소리에
발길이 멈춰지고

오색약수
알싸한 내음

흘러가는 물소리와 하나 되어
세월 가는 줄 몰랐다.

* 주전골 : 설악산 오색약수를 품고 있는 골짜기

지금

시간이 모여서 하루가
이루어지고

기쁨, 노여움, 슬픔, 즐거움도
지나면 다시 오지 않을
시간 속의 일

지금 행복과 불행이
인생의 삶이 되고

알찬 시간으로 만들어야 하는
인생에 딱 한 번뿐인
소중한 삶의 시간

지금

첫 만남

상큼한 웃음을 보내던 모습
마음 설레이던
첫 만남

먼 훗날
그리워지면
다시 꺼내 볼 수 있게

가슴속 깊은 곳에
꼭꼭 숨기고
반짝이는 별빛 같이
아껴 두자

아름다운
첫 만남

춘란

풀숲에 꼭꼭 숨어 있다가
살며시 고개를 내민
모습

연분홍 꽃잎
코를 자극하는 향기로
가득 찬 공간

꽃을 보는 모든 이들의
행복한 미소

친구

인생의 반환점을 돌아온
낯선 길에서

비 내리는 날
같은 길을 걸어온 친구와
목로에 앉아
한잔 또 한잔

새로운 인생길
꿋꿋이 헤쳐 나가자며
맹세하고

가로등 불빛 속으로 사라져간
친구

또 보세.

– 2019. 〈문학예술〉 봄호

토끼풀꽃

가난한 시인이

연인의 손목에
꽃시계를 채워주는
자연의 선물

예쁜
토끼풀꽃

포구의 오후

알맞게 잘 익은 햇살
포근한 호미곶

갈매기 하얗게 날고
소라 고동 잡느라 조잘대는 아이들

친구와의 술잔에
바다가 들어와

평온한 행복감에
시름을 잊는다.

행복의 열매

마음속
부정과 긍정의 마음

부정의 생각에는 어두움이
긍정의 생각엔 밝음이 솟아난다

긍정의 마음을
정성들여
가꾸어 가면

더
탐스러운 열매 맺는
행복함

행복

편하게 입고
맛나게 먹고
잘 쉬고

그리고
사랑하는 사람과 같이 있는 것

화장

문지르고
톡톡톡 다듬고

또 다른 자기를 보며
코 안쪽 손질도 하고

아름답기 위함인가
젊어 뵈기 위해선가

예뻐지고픈.

2부

여름

Summer

6월은

밀보리가 익고
푸른 하늘에 하얀 구름 더 빛난다

덩굴장미는
앞 다투어 꽃을 피워
직박구리 노래에 살랑살랑 몸을 흔든다

풀피리소리 더 가까이 들려
처녀 가슴 두근두근
얼굴도 붉어지고

하얗게 핀 아카시아 꽃
까치발로 달달한 꽃물을 맛보던
어릴 적 친구들 그립다

사람들은 다 일터로 가고
꽃만 덩그렇게 피어있는
시골 마을

7월은

소서 대서
더위의 한가운데에 있는
여름 과일이 익어가는 계절

시원한 바닷가
파라솔의 설렘이 살아나고

사람들의 얼굴에도
시원함이 묻어난다

빠알간 수박 한 입에
행복한
7월

기우제

두 손 모아
애타게
기다린
당신

농부의 환한 웃음에
한여름 냉수 같은
시원함을 주는

기우제

대왕 미꾸라지

흙탕물 속 대왕 미꾸라지
함부로 설쳐도
아랫것들 꼼짝 못하고

오늘은 니가
내일은 너도
내가 사는 토굴로 와라

다리 주물러라
허리 안마해라
담배 사가지고 와
산 넘고 물 건너가는데 따라가자
시킨 대로 다하고

목덜미에 입술이
다리위로 손길이 와도
아랫것들 저항하지 못하고

맑은 물에 올려놓으니
강요한 적 없네
증거가 없네

힘없어 어쩔 줄 모르는 아래 미꾸라지
두 번 상처를 입고

요리조리 빠져나가
되돌아가는 흙탕물속 대왕의 토굴

온통 흙탕물로 만들어 놓은
대왕 미꾸라지

– 2018년 여름

등산길에서

청설모에 쫓겨

천적인 줄 알기에
다람쥐 한 마리 막다른 길에
어찌할 바 모른다

생존을 얻으려는
다툼

사람 사이 '갑질'이
떠올라
내딛는 발길이 무겁다.

매미소리

쏴아아-
소티골* 합창소리 단잠을 깨운다

정자나무 그늘 아래 지게침대
동네 일꾼들 곤한 잠을 누인다
두둥실 구름위에 뛰어올라
영혼의 안식을 노래하는
긴 세월 땅 속에서 인고의 세월을 이긴
사무치듯 한을 쏟는 소리

유년의 그리움이 한줌 남은
소티골 매미소리

나무 밑동 어딘가 한의 껍질 붙여놓고
— 맴맴맴 메롱
— 맴맴맴 메롱

* 소티골 : 경남 산청군 오부면에 있는 골짜기

멍 때리기

플라타너스 잎새
한들한들 춤추는
오후

있는 그대로
아무 생각 없이
멍하니
흐르는 세월에 시간만 실어 보낸다.

뭐할 낀데

누가 물었다
"나가서 뭐할 낀데?"
"그냥"이라고 답했다

누가 물었다
집에서 뭐할 낀데?
그냥 웃었다

술잔 속 얼간이
와인 강의나 하까?

목로주점

목로주점에 앉아
멸치 안주에
소주 한잔

지나가는 군중들 속
소주잔 나눌 이 없고

혼자라는 외로움 속에
문득 떠오른 얼굴

주고받은 술잔 속에
우정과
사랑도
타서 마셨지

지치고
외로울 때
친구야 술잔을 부딪치자

말없이 술만 들이키는
목로주점

배롱나무 꽃

정자 앞에
빨강 하양 예쁜 옷 입고
청순한 웃음 짓고 서 있다

그리운 이 맞이하며
청순한 웃음 짓고 서 있다.

분재

하늘 향해 솟은
곧은 절개

한데 뭉친
푸르름

각각의
형상을 하고

향기 담은 국화꽃
정겨운 고향 뒷동산

네게 베푼 것
나를 더욱 행복하게 한다.

삼복더위

심술보 터진
뜨거운 열기

자라는 과일과 채소들
농부의 환한 미소

매앰~ 맴맴 소리

부채바람에
묻혀가는
삼복더위

– 2018. 〈시작〉 제9호

새벽 기원

초롱초롱한 별빛
서늘한 바람

옥상에 올라
나 홀로 선
적막강산

불타시여
알려주소서
무엇을 버려야 하는지
무엇을 남겨두어야 하는지를

마음을 열어
버려야 할 것은
훨훨 날려 보내고
사랑과 배려만
남게 해 주옵소서.

새 길

그 좋던 시절
금세 지나가고
세월의 주름과
그리운 마음

태풍과 눈 비 속의 가파른 길
돌아오니
따뜻하고 행복하다

잊혀진
만남과 삶이
꿈결 같구나.

새벽

긴 어둠 속

동쪽 끝
밝는 빛

삶의
희망을 본다.

– 2018. 〈문학예술〉 봄호 – 등단작

선풍기

스스로
죽을힘을 다해
돌고 돈다

남의 행복을 보는 게
나의 행복

오늘도
돌고 돈다.

수박

너무 뜨거워
물도 바알갛게 익었다

아삭함
달달함

몸소 실천하는
살신성인의 경지

– 2018. 〈문학예술〉 봄호 – 등단작

어느 날의 오후

부산문예대학의 뜰에
무화과 열매가 주렁주렁 열려 있다

동심의 세계로 돌아가
이건 민○○ 거
이건 권○○ 거
이건 조○○ 거로
표시를 하고

웃음꽃 소리로
뜰의 오후가 즐겁다.

어떤 인연

매일 봐도
성도 이름도 몰라

가끔 미소를 주고받는
창밖의 인연

아무도 모르게
무럭무럭 커가는
설레는 마음

여름

고향 친구와 강가에서 피리를 잡고
책가방 베고 누워
꿈을 꾸던 여름날이
구름위에 얹혀 있다

강바람 쐬고
골바람 쐬러

떠나고 싶다.

오후의 피서

삼복더위
기계도 지쳐 요란한 소리를 낸다

삶에 지치고
더위에 지친
아내의 안쓰러운 모습

빨간 속살 내 놓은 수박
흥얼대는 콧노래에
한걸음 물러가는 무더위

우리집 제일 존중받는 분

우리집 귀염둥이 아내가 돌아오면 반가워 엉덩이 살랑살랑 흔든다. 아내는 좋다고 함박웃음 지으며 귀염둥이에 뽀뽀를 한다. 내가 들어가면 씨익~ 보면 끝이다. 우리집 서열은 가장인 내 위에 귀염둥이다. 귀염둥이는 예쁜 딸 침대위에도 스스럼없이 올라가고 쉬와 응가를 해도 귀여움을 받는다. 가장인 내게는 접근도 어려운 영역이다. 우리가 해외여행이라도 가면 호텔에서 잔다. 더 귀한 전용호텔에서 말이다. 가장인 나보다 제일 먼저 챙겨지고. 먹는 게 떨어졌나 물이 떨어졌나 밤새 잘잤나를 챙긴다. 사람보다 먼저고 가족 위에 군림하고 친자식보다 더 예쁜 존재로 모셔지는 귀염둥이다. 분명 아내가 죽으면 며느리는 몰라도 귀염둥이는 틀림없이 울 것이다. 귀염둥이는 개다. 개가 사람보다 귀한 존재는 아닌데……. 우리집 귀염둥이 '견공님'

음식점 풍경

무더운 여름
땀 흘리며
번호표 들고 기다리는데

"63번 들어오세요"
반가운 목소리

뜨거운 국물로
몸속의 육수를 빼고

만족스러워 하는 말
"아~ 잘 먹었다"

삼복더위
음식점 풍경

인간관계

너와 나
없으면 허전한 존재
없다고 해도 사는 데 지장 없는 존재

너와 난
이 세상에서 제일 희망을 거는
모든 것을 물려주고 싶은
줘도 줘도 모자라는 마음

너와 나
이승의 인연으로
맺어진
질긴 사이

초복

삼복더위
첫 번째로 맞이하는 초복

더위를 이겨내려
전해지는 풍습

발 디딜 틈 없는 음식점에서
구슬땀과 더위를 맞바꾸고
내 뱉는 말
"어~ 시원타."

태산목

이별의 애절함에
초록 눈물
뚝뚝 떨군다

덩달아
박새의 장단소리
찌직 찍찍

비는
언제 다시 만나랴
울먹이며 온다.

눈속임

의사가 미인을 만든다

원래의 모습을 잃어버린
성형 미인을 만든다

실체를 감추어
세상을 속이는
만든 아름다움

미필적 고의에 의한
눈속임

빈 교정에서

초록 산으로 두른
빈 교정

플라타너스 잎새 살랑 살랑
풀벌레소리

그네타고
뜀박질 놀이
그 재잘거림
정답게 스쳐가고

반백이 지나
회상에 젖는

햇살만 가득 찬
빈 교정

사랑

줄어들고
늘어나는
질량 이동

행복한 사랑

덩달아
밝아진 지구

삶 2

빛의 빠르기로
흘러간
시간

그 세월을
돌아서 보면

어느새 지나간
삶

싹 다

싹 다*란 말이
마음에 들었다

꽉 참이 좋아
물을 주어 가며
사랑도
행복도
온전히 느끼고 싶었다

회귀점을 지난
반생에선
싹 다 비우고 비워
가벼운 삶을 살고 싶다.

* 싹 다 : '전부다, 모두다'라는 말을 일컫는 경상도 지방의 말

자

자가 나타나면 표준이 된다

힘센 자의 탐욕에도
법전이고 규칙이며 정의가 된다

민초의
억울함을 풀고
세상을 빛나게 한다

가슴과 가슴의 거리와
사랑의 깊이를 가늠하는
방법도 된다.

작은 행복

자주 듣는
즐거운 말엔
행복지수가 올라간다

공부하느라 힘들지
저녁준비에 수고가 많다는
생활 속의 말

배려의 말과 행동에
웃음꽃 피는
작은 행복

3부

가을

Autumn

가을에

곡식과 과일들이
분주하게 움직인다

강렬한 햇살을 먹고
배가 볼록한 곡식

피서와 막 바꾼
농부의 활짝 웃음

– 2018. 〈시작〉 제9호

구걸하는 노인

허리 굽어 바로 걷지 못하는
관심 밖의 노인

내리라는 방송에도
게마냥
기다시피 가는 노인

지하철 안에
휴대폰 삼매경 속 선남선녀들
옆으로 또 옆으로 걷는다

마음 착한 승객이 쥐어 준
천 원짜리 두 장
손에 나풀거린다.

굴뚝새 이야기

굴뚝새 한 마리
창으로 날아들었다

창밖의 자유
되돌리려 통유리와 사투
왔던 길 되 가면 될 걸
쿵!
'파르르르' 기절 소리

자유를 되찾은 굴뚝새
"찟찍 찌찌"

창밖 애간장을 태운 짝지새 한 마리
울음 섞인 그들만의 해후
— 찌짓 찍찍
— 찌짓 찍찍

낙과

곱게 태어나

모진 비바람
새들의 쪼여짐을
피하다가 떨어져

몸에 생채기 생겨
누구도 예쁘게 봐주지 않고
주목도 받지 못해

제값도 받지 못하는
낙과

노천탕

파아란 하늘
하얀 구름

피어오르는
물안개 속

"으으, 아~~"
옆 사람이 내는 신음

몸이 풀어지는 소리
들린다.

단풍나무

빨간색 갈아입은
단풍나무

아낌없이
고운 색깔 다 토해내
세상을 아름답게 비춘다.

드브로브니크*

성숙한 미모의 여인에
아름다움이 보이는

빨간 머리 얹고
예쁜 미소
온화함을 머금어

오늘도
수많은 시선이 선을 보는

오!
아드리아해의 진주
드브로브니크여.

* '아드리아해의 진주'로 불리며 구시가는 중세의 성곽(25km)으로 둘러싸여 있음. 1979년 유네스코 세계문화유산에 등록된 크로아티아 최남단 지역 연안의 항구도시

등산

빨강 노랑 초록
한 폭의 수채화로 태어나고

"야후~"
자연과 어울려
메아리로 돌아오고

구름위에 서서
산을 품는다

욕심은 덜고
마음을 채우는
등산

막걸리 한잔

이른 새벽에 벨소리가 났다. "오늘 체육대회 하는데 막걸리 한잔하러 오소" 하는 것이었다. "시간되면 갈께요" 했다. 오늘 무슨 체육대회인지도 미리 물어보지 못했다. "아침 일찍 무슨 막걸리타령이야?" 아내의 푸념이다. 외출준비로 답했다. 막걸리 한잔으로 통하는 의미를 모르리라는 마음으로…….

– 2018. 〈시작〉 제9호

부부싸움

저녁때 와인 한잔하며
별일 아닌 일을 가지고
아내와 다투어

거친 언어가 오고 가며
아내의 주장과
나의 화답이 평행선을 달려

부엌에선
그릇 부딪히는 소리 들리고

나의 강한 주장에
아내가 진 척하지만

겉으론 이기고 속으론 져서
먼 산보며 큰 숨 한 번 들이 쉰다.

세월

앞에는 낙동강
뒤엔 금정산 고단봉

찬바람 맞아 단풍든 잎새
이순(耳順)을 넘긴 사람들
세월을 맞아
은백색이 되었다

유유히 흐르는 물줄기는
그대로인데

변하는 건
너와 나
그리고 세월

시작(詩作)이란……

나 안의 참나가 하는 말을
쓰는 거

일상에서 느낀
숨겨진 본성을 찾아

시심(詩心)을
꺼내는 것

아내의 호칭

아내에게 호칭이 참 많다
곽씨, 꽈악, 여보, 자기야, 색시야, 정우엄마
가끔씩 부르는 있잖아~

별명이 또 있다
착한이, 이쁜이, 못난이, 뚱땡이

실없이 던지는 농담어린 별칭도 있다
고물장수 오면
우리집 '30년 쓴 고물' 팔아야겠다며
내 농이 정점을 찍는다

아내의
동분서주 덕분에
옹기종기
맛과 웃음이 만들어진다.

아내 1

"꽈악~"
말없이 바라본다
곽씨인 아내의 별칭이다

같이 살아온 30년
이젠 말없이
바라만 봐도
안다

원하는 게
무언지를

"꽈악~" 불러봤다
말없이 그냥 바라만 본다.

아내 2

자기고집 피우며 멋대로 사는 남편과
이조의 여인같이 순종하는 아내

군복무를 마치고도
엄마 치마폭을 못 벗어난 아들

안마의자에 앉아
피곤을 푸는
아내

여명

새벽녘에 옥상에 올라갔다. 부지런한 굴뚝새의 소리와 비둘기들의 활공이 아름답다. 동쪽 하늘엔 여명의 빛이 모두에게 비춘다. 장엄하고 가슴 뛰게 하는 빛이다. 어제보다도 오늘이 더 붉고 더 아름답게 보인다. 콧등이 찡하다. 어째 저 고운 빛은 더 밝고 붉게 빛나는지…….

오늘

오늘이 좋다
누군가가 간절하게 삶을 꿈꾼 날
살아서 행복한

인생에서
가장 젊은 날
오늘

우정

한 번 등을 두드리면
세배로 되돌아왔다
— 아직도 그는 개구쟁이였다

이런 놀이는 아이들이나 한다는 말에
터진 웃음

이순의 세월이 지나도
장난 속에
피어나는 우정

인생 사진첩

사진첩을 펴면
장마다
명암이 교체한다

밝게 웃음 띤 표정
어둡고 암울한 모습
세월만 낚은 무표정한 얼굴

넘기는 한 장 한 장
돋아나는 그리움……

빈 공간엔
밝은 삶으로
채우고 싶다.

잎새

파르르 떨어지는 잎새 하나
머플러 흩날리던
그녀의 마지막 모습

초록잎 더위를 식혀
가슴속에 피어나는

샛노란
잎새

행복하다

파란 하늘과 흰 구름
산과 들
강과 바다

불어오는 산들바람
추위와 따뜻함
소중한 당신을
느낄 수 있고

맛난 음식
향기로운 한잔 술을
먹고 마실 수 있어

오늘이 행복하다
그 언젠가 그럴 수 없기에…….

휴일의 행복

바쁜 일 없는
아침

따사로운 햇살 드는 곳에서
즐기는
한가로움

가끔 친구를 만나
정담도 나누며

지는 해를 보내고
별 탈 없이
편안한 잠자리에 드는.

4부

겨울

Winter

거리에서

사람들이 종종걸음 하는
길가

점심시간도 한참을 지났는데
추운바람 속 노점상 할머니
오들오들 떨고 있다

어묵가게에서 내가 보낸
따뜻한 국물 한 그릇에
감사의 손사래를 친다

거리에 환한 웃음이
핀다.

– 2018. 〈시작〉 제9호

겨울밤

긴 겨울밤

모두가 꿈속에 머무는데
잠 못 드는 어둠과
거리를 휘젓고 지나는 바람소리

깊은 고요 속
아련하게 들리는 새벽 종소리

고드름

뿌드득 뿌드득
사각 사각

동심의 세계
영롱한 빛을 발하고
자신을 낮추는 겸손함

한겨울에만 맛볼 수 있는
동심의 맛

구름

나는
하늘에 있는 구름입니다

보슬비가 되어
예쁜 꽃잎을 만들어 내고
세상을 초록빛 생명으로 살찌우며

함박눈이 되어
보기 싫은
더러운 것들을
덮어 버리는

맑고 깨끗한 세상을 꿈꾸는
하늘에 있는 구름입니다.

까치소리

헐벗은 겨울나무 위
소식을 전하는
까치 한 마리
깍 깍 깍

반가운 소식이 있을랑가
즐거움이 일어나는

행복지수를 높이는
삶의 소리
깍 깍 깍

나 안의 나

빛의 속도로
흘러간 세월

순수와 진실의
또 다른 나

영원히 같이 갈
나 안의 나

달력

월화수목금토일
인간 만사 이 안에 있다

만들어진 쳇바퀴 안에
길들여져
일생동안 벗어나지 못한 채

희망과 절망
희로애락

복닥거림 속으로
새롭게 쳇바퀴를 돌린다.

동지

음의 기운이 큰
긴긴 밤

음기를 쫓아내는
팥죽 한 그릇

새알심에 한 살 더 먹고
양의 기운이 많아지는 분기점
나눔과 화합의 마음

작은설
동지

미나리 깡

'휘이잉' 바람소리

꽁꽁 언 미나리 깡에 스케이트 타고
호호 입김 불며
하염없이 좋았던
친구

도토리묵과 함께 나온 미나리에
같이 오는
그때 그 시절

미식여행

'안동역에서' 노래 따라
떠나는 아침

자기주장 강한 아이
군소리 없고
옆에 앉은 아내도
미소만 짓는

찜닭과 간고등어
맘모스제과 크림치즈빵의
손짓에 가는

발길 가벼운
미식여행

배산 둘레길

거칠산국* 성지의 배산
술잔을 엎어 놓은 모양
주택가 한가운데 솟아
초록 숲과 맑은 공기 내어 주고

둘레길 모난 돌부리 제거
등산로 수로 정비
오르막길 받침대 교체

산을 찾는 이를 위한 배려에
"수고합니다" 건넨 말

지나가는 바람도 웃음 띠고
청설모가 미소 짓는
더 맑고 밝아진
배산 둘레길

* 거칠산국 : 부산광역시에 있던 삼한시대의 소국(小國)으로 지금의 황령산과 관련 있음.

부부

촘촘한 세월에
눈빛만으로도
통하고

나의 일부로
너의 일부로
함께 한 세월

오!
반려자

– 2018. 〈문학예술〉 봄호 – 등단작

비행

비행기를 타고 내려다보면
펼쳐진 하이얀 융단
통통이를 뛰고 싶은 마음

새털구름
몽글몽글한 솜사탕
미련 없이 떠나가고

부질없는 욕망도
훨훨 날려 보내는
마음

삶 3

한해가 가고
새해가 왔다

삶의 한해를 빼고
추억의 한해를 더한다

가감(加減)하려 하지 않아도
어김없이 빼고 더하는
인생의 순리

– 2019. 〈남제문인회 회보〉 제1호

서재에서

햇살 찾아드는
고요한 서재

가득한 책들
각종 기념패

세월 앞에 흩날리게 될
사진 속 수많은 추억들

빈 마음에 채워지는
평화로움

아내의 간식

한겨울 오후
맛난 고구마

추운 날씨에 더 춥게
정성스레 껍질을 조금씩 조금씩
벗겼다

드러내는 황금색 살결
김이 모락모락 올라
군침이 돌고

예쁜 속살을 한입 베어
달콤하고 맛나하는
아내에게
"목 맥힐라"
냉수 한잔 내밀었다.

안경

세월 따라
흐려지는 각막 속 사물들

때가 묻어도 군말 없고
쓰임이 없을 땐
뒷전으로 밀려나도

세상을 또렷하게 비춰주는
또 다른 눈
안경

알로카시아

뚝 뚝 뚝
눈물을 흘려
'뭘 잘못했나' 하는 마음이 일었다

줄기가 갈라져 나온
주먹을 꼭 쥔 것 같은 새 얼굴
꼭꼭 숨어 있다가
세상과 마주한 첫 순간

보들보들 연초록 살결
보일 듯 말 듯 펴져서

살포시 안으니
방시레 고개를 흔든다.

와인

레드, 화이트, 로제 삼형제로 태어나 붉은색, 황금색, 핑크색의 예쁜 얼굴을 가졌다. 달콤하고 향기로운 향기와 라일락 향과 밤꽃 향도 지녔다. 짜고 달고 시고 쓴 성질을 타고났다

와인 한잔 들고
— 어둠이 내리는 창가에 나를 가슴에 두고 인생을 반추하는 중년
— 멋있는 레스토랑에서 사랑을 나누는 젊은 연인

아비뇽 유수, 마릴린 먼로, 가비아 공주*가 비쳐지고, 눈으로 색을 코로 향기를 입술로 맛을 목젖으로 특유의 맛을 느끼며 한잔으로 네 번을 마신다

인생의 고달픔을 달래고 멋과 맛을 풍미하는 신이 내린 물방울
와인

* 오늘날 프랑스. 프랑크 왕국 시절, 클로디미르 왕의 딸

월동준비

차가운 바람
움츠린
건널목 신호등 옆
노점상 할머니

커다란 검은 우산을 펼쳤다
시장 입구 식품점 아주머니도
직육면체 지지대에 두꺼운 비닐을 둘렀다

검은 우산, 비닐움막 육면체 공간
이웃의
월동준비

전기밥솥

너무 오래되어서
두들겨 맞아야
쉬이익 씨이익 쉬이
한숨을 내 뿜는다

7년 동안 부엌을 지켜
정이 들고
손에 익은
전기밥솥

이제 마음정리를 했다
더 편한 세상에서
맞지도 말고
뜨거운 숨 내쉬지 말고

편안하게
쉬라고

제주에서

싱그러운 섬
제주

삼십년 만에
다시 찾으니

낡고 때 묻은
호텔이지만

신혼이 꿈꾸던 시절이 떠올라
가슴 뭉클한
감회가 돋아났다.

택배

'딩동~'
아내가 반가워 달려 나간다
웃음 띈 얼굴로 황금향 3박스를 안고 들어왔다
행복해 보였다

요즘은 마트에서도 집까지 배달을 해 준다
'배달의 민족'이란 말이 떠오른다

'딩동~~' 벨이 울린다. 또 택배인가?

해맞이

태양과 마주보는 지구

모래알처럼 모인 인파 속
벼르고 벼른 이른 새벽
나들이

모두의 희망을 이룰
한해의 시작
해맞이

5부

사랑시

The Poem of Love

가을 연심(戀心)

같은 하늘 아래
네가 있어
태양은 지구를
지구는 달을 품어
아름답게 빛나는 하루가 된다

같은 하늘 아래
내가 있어
여명과 저녁놀이
아름답게 빛나는 또 다른 하루가 된다

이 가을, 풍성한 열매를…….

그대 떠나는 길

바람이 쓸고 간 길 위에
그대의 흔적이 차곡차곡 쌓이네요

떠나간 빈자리
밀려드는 먹구름에
앞 못 보는 두려움이 일어납니다

오지 않을 것을
뻔히 알지만
잡을 수도 없던 속마음에
눈시울만 붉힌답니다

마음속 이별의 바탕위에 놓인
술잔 속에
비쳐지는 그대

헤어짐이 더 어렵기에
가슴속 큰 구멍에 찬바람만 지나네요.

그리움

가슴속 깊이
묻어둔
그리움 하나

기쁠 때
화날 때
슬플 때도

자물쇠로 채워도
자꾸만 머리를 내미는

그리움

난초꽃

힘든 시간을 지나
봉우리를 올린
고고한 모습

고운 얼굴로
미소를 띠고
마음을 사로잡는 향기

밝은 모습으로
맑은 눈물을 머금고
피는 꽃

GO, 다음 생의 청혼

지난 이후의 만남

광야를 달리는 야생마 같고
톡톡 튀는 푸른 시절

이젠 마음속 젊음으로 머무르고
추수를 마친 넉넉함이 마음속에 깃든 때

다음 생에 우리 결혼하자
아이는 두 명 가질까? 하는 청약에

세 명을 낳자는 말로 승낙을 한
다음 생의 청혼

— 아! 좋아

선물 2

태어나서 받은
가장 큰 선물은
당신입니다

삶에서
가장 복 받은 선물은
당신입니다

수수한 얼굴
배려하는 마음
그대의 환한 미소는
세상 전부인 양
나의 행복입니다.

외로움

가슴속에
괴물 한 마리

자연과 친구도 하고
때론 죽음과 어깨동무 한다

가끔씩 그리운 얼굴
예민한 천사도 둥지를 튼다

밀어도 밀어내도
떠나지 않는.

이별 그 이후

마음속 깊이 자리 잡은 한 사람
함께 걷던 대나무밭 길

댓닢과 사각사각 대화하는 바람소리
실개천 옆 능수버들 잎새
유영을 즐기는 버들치를
피리라고 하던

웃음이 예쁘던 사람

이별 후

생각나는 그 길
그리운 사람

인연 1

다른 반쪽을 만나
첫 순정을 주고
평생을 같이하며

힘겨운 삶의 무게를 나눠지고
흙탕물에 빠지기도 하며
서로서로 의지하여

멀리
멀리
떠나가도

다음 생에 다시 만나고픈
사람

인연 2

너와 나
무슨 인연에
이리도 아린가?

만물이
인연 따라 일어나고
소멸하는네…….

– 2018. 〈시작〉 제9호

파랑새의 이별

행복한 꿈을 안은 파랑새
포르르 날아와 둥지를 틀었다
한 쌍 되어
노래하고 춤췄다

차가운 바람 불 때
서쪽 하늘로 날아가
형체도 보이지 않고

떠난 빈 둥지엔
이른 새벽
잔별 빛과 어둠만 드나들고
태양은 곧 떠오르리.

이, 현생의 언약

지난 이후에 만남
광야를 달리는 야생마 같고
톡톡 튀는 푸른 시절

이젠 마음속 젊음에 머무르고
추수를 마친 넉넉함이 마음속에 깃든 때

영원히 영원히 죽을 때까지
같이 가자는 청약에

그래 그러자로 승낙을 한
현생의 언약

— 아! 좋아

호반에서

보문호수 둘레길
파란 하늘
샛노란 은행잎
빨강 단풍나무

가을 햇살 쏟아지는 평온한 수면
호반 카페 찻잔으로
날아온 맑은 햇살

연인의 웜색 웃음에
취한 행복